(N° 156) 1908. Avril 30

COLLECTION DE GUIZELIN

Vente du Jeudi 30 Avril 1908

HOTEL DROUOT — SALLE N° 8

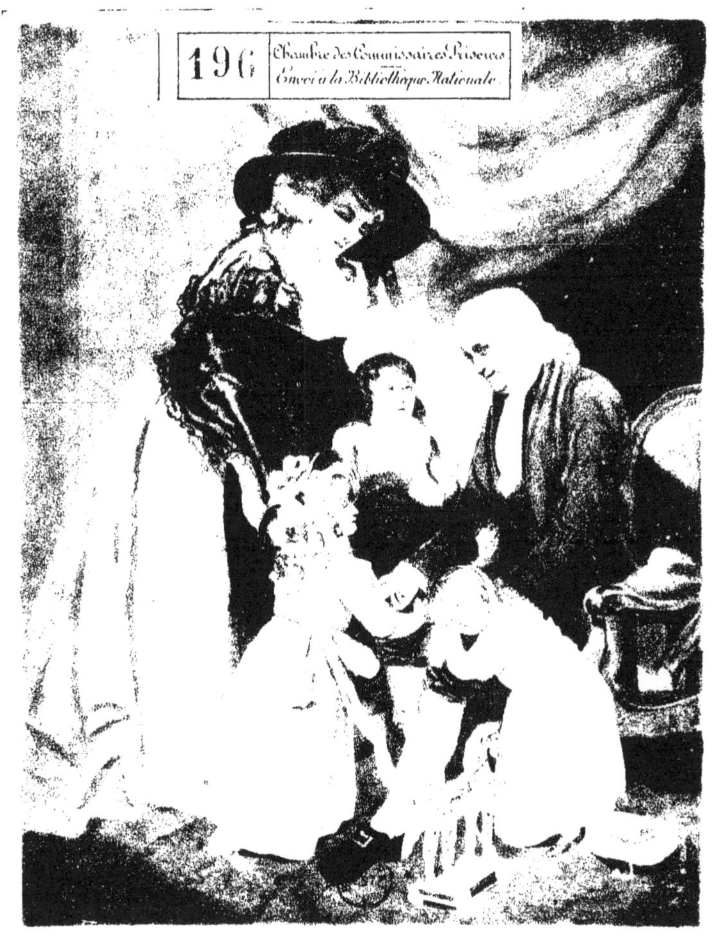

ESTAMPES ANCIENNES

Me LAIR-DUBREUIL — M. LOYS DELTEIL

IMPRIMERIE

FRAZIER-SOYE

153-157, Rue Montmartre

PARIS

CATALOGUE

DES

Estampes Anciennes

ŒUVRES d'ALB. DURER

ESTAMPES DES ECOLES FRANÇAISE

ET

ANGLAISE DU XVIIIe SIÈCLE

imprimées en noir et en couleurs

formant la

COLLECTION DE GUIZELIN

Dont la vente aura lieu

à Paris, HOTEL DROUOT, Salle N° 8

Le Jeudi 30 Avril 1908

à 2 heures précises

Par le ministère de Me LAIR-DUBREUIL

COMMISSAIRE-PRISEUR

6, Rue Favart, 6

Assisté de M. LOYS DELTEIL, Artiste-Graveur, Expert

2, *Rue des Beaux-Arts*

CONDITIONS DE LA VENTE

Elle sera faite au comptant.

Les adjudicataires paieront *dix pour cent* en sus des enchères.

M. Loys Delteil remplira les commissions que voudront bien lui confier les amateurs ne pouvant y assister.

MM. les amateurs pourront visiter la collection, 2, *rue des Beaux-Arts*, du Vendredi 24 au Mercredi 29 Avril 1908, de 2 heures à 5 heures, *le Dimanche excepté*.

DESIGNATION

AMÉRIQUE (**Estampes relatives à l'**)

1. La *Force de l'Amour ou Mistris-Ross*, par Maugain, d'apr. Lallemand. Très belle épreuve, à toutes marges.

2. Wolff (G[al]), par J. Barbié — Franklin (B.), par Le Beau — Montcalm (Mis de), par Barbié — Estaing (Cte d'), par Barbié — Sarratogo, John Malcolm, etc., 4 pl., par A. Godefroy. Huit pièces. Belles épreuves.

BARTOLOZZI (**F.**)

3. *The Fair Moralist and her Pupil*, d'apr. R. Cosway, 1787. Superbe épreuve, *imp. en couleurs*, toutes marges.

4. *The Dowager Queen of Edward the 4 th parting with the Duke of York...*, d'apr. Cipriani, 1786 — *The Death of Captain Cook*, d'apr. J. Webber. Deux pièces.

BEECHEY (**d'après W.**)

5. *The Gipsy Fortune Teller*, par J. Young, 1787. Très belle épreuve, *imp. en couleurs* (mouillures).

BENWELL (**d'après H.**)

6. L'Innocence en danger, par Le Noir. Très belle épreuve, *coloriée*, à toutes marges.

BOILLY (**d'après L.**)

7. La Douce Impression de l'Harmonie, par F. J. Wolff. Superbe épreuve, à toutes marges.

BONNET (L. M.)

8. La petite Friande, d'apr. Colibert. Belle épreuve, *imp. en couleurs.*

BOUCHER (d'après F.)

9. Le Mariage de Psyché et l'Amour, par Beauvarlet (cassure et mouillures) — La Pêche aux crocodilles, par P. Molès. Deux pièces.

BRETHERTON (d'après C.)

10. *May Day, or Kate of Aberdeen*, par W. Tomkins, 1782. Très belle épreuve, *coloriée.*

BUNBURY (d'après W.)

11. Charlotte, par F. Bartolozzi, 1783. Très belle épreuve.

12. Laura, par C. Maucler. Superbe épreuve, *imp. en couleurs*, à toutes marges.

13. *Like à Worm It-bud...*, par Bartolonii. Très belle épreuve, tirée en 2 tons et rehaussée.

CALLOT (Jacques)

14. Le Martyre de St Sébastien (M. 137). Belle épreuve.

15. L'Eventail (617). Bonne épreuve.

16. Carrière et rue Neuve de Nancy (621). Très belle épreuve du 1er état (petite épidermure).

17. Les Supplices (665). Belle épreuve avant toute adresse.

COLLETT (d'après)

18. Le Joueur d'orgue, par Cook, 1772. Superbe épreuve, *avant la lettre.*

DAWE (P.)

19. *Lambert's Leap (Mr Cuthbert Lambert of Newcastle...)*, d'apr. R. Pollard, 1786. Belle épreuve (mouillures).

DICKINSON (W.)

20. *The Hermitt*, d'apr. Emma Crewe, 1783. Superbe épreuve, *imp. en sanguine.*

DIVERS

21. *Antiochus and Stratonice*, par Ryland, d'apr. P. de Cortone — *Pylades and Orestes*, par J. Basire, d'apr. B. West — *Andromache occisum Hectora luget*, par D. Cunego, d'apr. Hamilton — *The Parting of Hector and Andromache*, par J. Watson, d'apr. A. Kauffman. Quatre pièces. Belles épreuves.

22. Le Midi, L'Après-Midi, Le Soir, 3 pl. par Dequevauviller et Daudet, d'apr. Berghem et Dietricy — A *Flemish Collation* — *A Flemish Entertainment*, par Walker et Taylor, d'apr. Van Harp — *Physick*, par Walker, d'apr. Ostade. Six pièces.

23. La Vertu récompensée (Necker) — Port de Lisbonne, par Allix, d'apr. Nœl — Portail de l'Eglise Paroissiale de St Eloy, à Dunkerque, par Varin — Le Bacha en promenade, par Lempereur, d'apr. Metay — Naufrage aux Indes, par Le Charpentier, d'apr. D. Peters — La Belle-Mère, par Le Vasseur, d'apr. Greuze. Six pièces.

24. St Jean prêchant, par J. Browne, d'apr. S. Rosa — Canut le Grand, par Aliamet, d'apr. Pine — *Phryné tempting Xenocrates*, par Ravenet, d'apr. S. Rosa — *Pyramus and Thisbe*, par Canot, d'apr. Bramer — Paysages, par Vivarès et Mason, d'apr. Zuccarelli. Six pièces.

25. 1re Vue des Environs de Lérida — Environs de Cotentin — La Mort de Toiras — Le Plaisir de la Danse — La Danse des ours — La Troupe ambulante — Le Vieillard en réflexion — Les Vivandiers — Débarquement des vivres. Neuf pièces par Texier, Le Bas, Née, etc., d'apr. Wouwermans, Mayer, G. Dow et autres. Belles épreuves.

26. Chasse à l'Ours, par Flipart, d'apr. Vanloo — Aristide, par Dickinson, d'apr. A. Kauffmann — Le Triomphe de la valeur, par Couché, d'apr. Monnet — Henri IV ramené au Louvre, par Ransonnette — Courtoisie du chevalier Bayard, par Hemery, d'apr. Borel — Diane endormie, par Sornique, d'apr. le Corrège. Six pièces. Belles épreuves.

27. Jésus chez le Pharisien, par J. Wierix — Jacob et Laban, par J. Audran, d'apr. Coypel — Agar présentée à Abraham, par Schmidt, d'apr. Dietricy — La Charité, par G. Sadeler — St Martin guérissant un possédé, d'apr. J. Jordaens, par P. de Jode. Cinq pièces. Belles épreuves.

28. Mort de St François, par G. Audran, d'apr. A. Carrache — Ste Famille, par N. Pitau, d'apr. Villequin — La Fuite en Egypte, par N. Pitau, d'apr. S. François — Le Résultat du Jeu — Le Marchand de poisson de Dieppe — Les Mangeurs d'huîtres — Débarquement des vivres. Sept pièces. Belles épreuves.

DURER (Alb.)

29. La Passion de Jésus-Christ (B. 3-18). Suite complète de seize pièces. Superbes épreuves des collections P. Mariette et Le Rouge (petite déchirure à une planche). Très rare à rencontrer complet et en bel état.

30. St Antoine (58). Très belle épreuve.

EARLOM (Richard)

31. *Una* (Miss Hall), d'apr. B. West. Très belle épreuve.

32. Kempenfelt (Richard), d'apr. Kettle, 1782. Superbe épreuve.

ECOLES FLAMANDE ET HOLLANDAISE

33. A Moderate Gale — A Brisk Gale — Ancien port de Gênes — Europa Point, Gibraltar — A Coun-

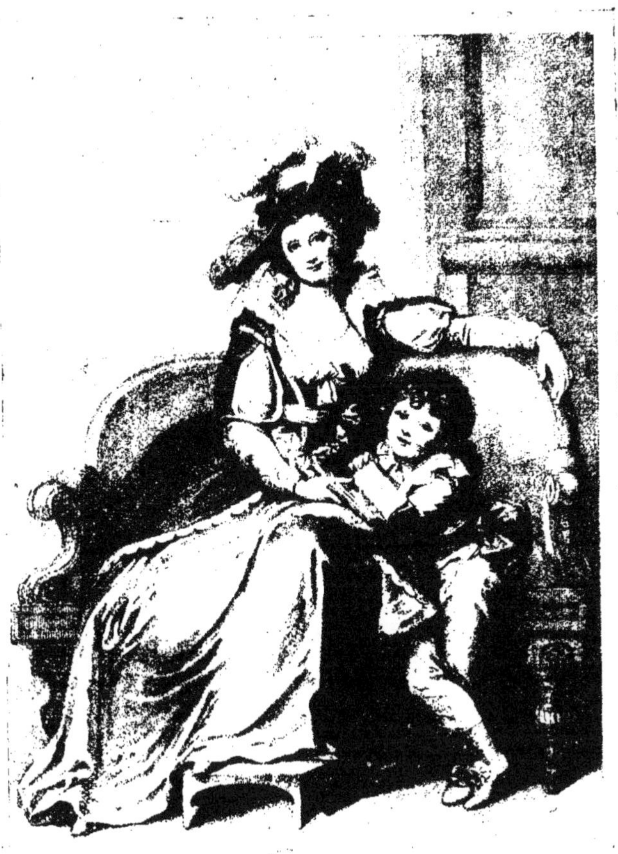

N° 2 du Catalogue.

try Wake — Le Cabaret Flamand — The Cottagers. Sept pièces d'apr. Backhuysen, Berghem, Ostade, par Pye, Canot, etc.

ECOLES FRANÇAISE ET ANGLAISE (XVIIIe siècle)

34. *The Departure of Hector*, par F. Bartolozzi, d'apr. Cipriani — *The Fair Sheperdess* (chez R. Sayer) — *Industry attented by Patience...*, par Faccius, d'apr. A. Kauffmann — *Lady and Child*, par F. Bartolozzi, d'apr. S. Ferrato. Quatre pièces. Belles épreuves, deux *imp. en couleurs.*

35. L'Enlèvement de Proserpine, par Le Vasseur, d'apr. de Troy — Quos Ego, par Le Vasseur, d'apr. Lépicié — Cacus, par Cars, d'apr. Le Moyne — Chasse au Tigre, par Flipart, d'apr. F. Boucher. Quatre pièces. Belles épreuves.

36. Orgar et Elfrida, par Marcuard, d'apr Jefferys — Paul et Virginie, par Mixelle, d'apr. Lambert — L'Innocence et la Vertu — Retour de Bélisaire, par Levasseur, d'apr. Du Rameau. Quatre pièces. Belles épreuves, une *imp. en couleurs.*

FABER (J.)

37. Assemblée de sept personnages autour d'une Table, d'apr. T. Hudson. Très belle épreuve.

FICQUET (Etienne)

38. Descartes — La Fontaine — Molière — Montaigne — Regnard — Rousseau. Six pièces. Belles épreuves.

FIESINGER (G.)

39. Rabaut St Etienne — Clermont-Tonnerre (Cte de) — Petion — Barère de Vieuzac — Malouet. Cinq pièces. Belles épreuves, tirées en bistre.

FRAGONARD (d'après H.)

40. La Bonne Mère, par N. de Launay. Superbe épreuve, à grandes marges.

41. La Famille du Fermier, par Beauvarlet. Très belle épreuve à grandes marges.

FREUDEBERG (d'après S.)

42. Le Soldat en semestre — Le Négociant ambulant. Deux pièces par Ingouf le jeune, se faisant pendants. Très belles épreuves à toutes marges (mouillures).

GÉRARD (H.)

43. Le Pelletier St Fargeau (L. M.). Très belle épreuve, à toutes marges.

GRASSI (d'après)

44. *The Miniature Picture*, par Notter, 1793. Très belle épreuve tirée en bistre, toutes marges.

GREEN (V.)

45. *The Cave of Despair from Spenser*, d'apr. B. West, épr. à la *lettre grise* — Epaminondas, d'apr. B. West — Jeune Homme sauvé de l'attaque d'un requin, d'apr. Singleton — St Stephen, d'apr. B. West. Quatre pièces.

GREUZE (d'après J. B.)

46. La Dame bienfaisante, par Massard. Très belle épreuve, *avec les noms des artistes au verso.*

47. Les Œufs cassés, par Moitte. Epreuve à toutes marges.

48. La Privation sensible, par J. B. Simonet. Belle épreuve à toutes marges (mouillures).

49. Le Silence, par Cars et Jardinier. Belle épreuve, à toutes marges.

50. La Vertu chancelante, par Massard. Epreuve à toutes marges, *signée des artistes au verso* (la figure rayée).

HAMILTON (d'après W.)

51. *The Evening*, par P. W. Tomkins, 1780. Superbe épreuve, *imp. en couleurs*, à toutes marges.

HAMILTON et GUARANA (d'après)

52. *Edward II the Martyr and Elfrida — The Heroism of Prince Edward, son of Henri VI — Henri Lord Darnley with Lord Ruthwen... — Queen Elizabeth consulting the Earl of Essex...* Quatre pièces par R. Girard, formant série. Superbes épreuves, *imp. en couleurs*, à toutes marges.

HARDING (d'après S.)

53. *Damon et Phœbe*, par Delattre, 1783. Très belle épreuve.

HELMAN (I. S.)

54. Faits mémorables des Empereurs de la Chine, pl. 2, 3, 4, 6, 12, 14 et 15. Sept pièces. Très belles épreuves à toutes marges.

HOGARTH et COLLETT (d'après)

55. *The Good Samaritan*, par Ravenet et Delattre, 1772. — *The Pool of Bethesda*, par Ravenet et Picot. — *The Honem-Moon*, par J. Golder, 1766. — *Beggar's Opera, Act III*, par W. Blake. Quatre pièces. Très belles épreuves.

HOUSTON (Richard)

56. La Mort du Gal Wolff, d'apr. E. Penny. Belle épreuve *avant la lettre* (mouillures)

JORDAENS (d'après J.)

57. Le Fou tenant un hibou, par P. de Jode. Très belle épreuve.

KAUFFMAN (d'après Angelica)

58. *Her Grace the Dutchess of Devonshire and Viscountess Duncanon*, par W. Dickinson, 1782. Superbe épreuve, *imp. en sanguine*, grandes marges.

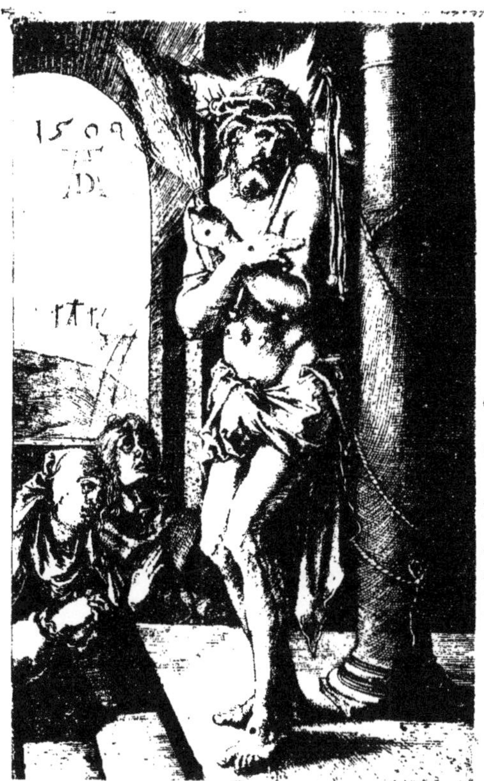

N° 20 du Catalogue.

59. *Her Grâce the Dutchess of Richmond*, par W. Ryland, 1775. Superbe épreuve, *imp. en couleurs*.

60. *Morning Amusement*, par W. Ryland, 1784. Superbe épreuve, *imp. en sanguine*, toutes marges.

61. *Cymon and Iphegenia*, par W. Ryland, 1782. Superbe épreuve, *imp. en bistre*.

62. *Sappho inspired by Love, composes an Ode to Venus*, par G. S. et I. G. Facius, 1778. Superbe épreuve, *imp. en sanguine*, toutes marges.

63. Zeuxis composant le tableau de Junon (à Paris chez Challiou). Très belle épreuve, *coloriée*, à toutes marges.

64. Calais, La Tabatière, par J. M. Delattre, 1781. Très belle épreuve, *imp. en couleurs*.

65. *Beauty governed by Reason, renarded by Merit*, par J. M. Delattre, 1784. Superbe épreuve, *imp. en bistre*.

66. La Nymphe — Erminia. Deux pièces par D. Jenkins et J. K. Sherwin, se faisant pendants, 1781. Très belles épreuves, *imp. en sanguine*.

LA TOUR (d'après M. Q.)

67. Paris de Marmontel (J.), par L. J. Cathelin. Très belle épreuve à toutes marges.

LE BRUN (d'après Ch.)

68. Batailles d'Alexandre, six planches par Picault.

LECLERC (S.) — JEAURAT (E.)

69. Siège de Tournay — Siège de Douai — Cérémonie de Mariage de Louis XIV avec Marie Thérèse d'Autriche — Renouvellement d'Alliance entre la France et les Suisses. Quatre pièces, d'apr. Ch. Le Brun.

LE GOUAZ (Yves)

70. Les Ports de France, d'apr. N. Ozanne, pl. 5 à 10, 17 à 24, 29, 32 à 37, 44, 46 à 50, 55 à 60, soit 33 pièces. Très belles épreuves à toutes marges.

71. Ports de la Martinique et de St Domingue, d'apr. N. Ozanne. Treize pièces y compris deux doubles. Belles épreuves.

LE MIRE (Noël)

72. Le Général Washington. d'apr. Le Paon. Très belle épreuve.

LE PRINCE (d'après J. B.)

73. L'Amour de la Gloire, par Née — Le Médecin clairvoyant, par Helman. Deux pièces. Très belles épreuves.

LE VEAU — LE MIRE — LE BAS

74. Port de Flessingue — Arrivée à Flessingue — La grande Rade Hollandaise — Bassin et ville de Bruges — Tempête. Cinq pièces d'après Peters, Minderhout et Storck. Belles épreuves.

LOUTHERBOURG (d'après J. P.)

75. La Bergère des Alpes — Laurette. Deux pièces ovales, par Byrne et Middiman, 1776. Superbes épreuves, à toutes marges.

76. Le Four à chaux, par N. De Launay — Port de mer enrichi d'architecture, par P. Laurent. Deux pièces. Très belles épreuves.

MARCENAY DE GHUY (A. de)

77. Mirabeau (Vte de Riqueti, Mis de), d'apr. Aved — Saxe (M[al] de) — Sage (B. G.) — La Fleuriste, d'apr. G. Dow — Regulus. Cinq pièces. Belles épreuves.

MARTINI et LE BAS

78. Vues de l'Ile Barbe, au-dessus de Lyon. Deux pièces d'apr. D. Olivier, se faisant pendants. Belles épreuves (mouillures).

MOREAU LE JEUNE (J. M.)

79. Ouverture des États-Généraux (E. B. 204). Superbe épreuve à toutes marges, *avant le n°* et *avant l'adresse de Jean.*

80. Henri IV chez le meunier Michau, par Simonet (245). Très belle épreuve, *avant la lettre*, toutes marges.

81. Couronnement de Voltaire sur le Théâtre Français, par C. S. Gaucher (201). Très belle épreuve *avant que les armes n'aient été effacées.*

MORLAND (d'apres G.)

82. *Yout Diverting Age — Childish Amusement.* Deux pièces par J. Grozer et W. Dickinson (1789), se faisant pendants. Très belles épreuves, *imp. en couleurs* (mouillures).

83. Louisa, par T. Gaugain, 1789. Très belle épreuve, *coloriée*, à toutes marges.

84. Le même sujet, par A. Legrand. Belle épreuve, *coloriée*.

PIECES HISTORIQUES

85. Le Rhin passé par les Français, par C. Simmonneau, d'apr. Vanden Meulen — Marche du Roy sur le Pont-Neuf, par Huchtenburg. Deux pièces gr. in-fol.

86. Défense de Gibraltar, 1782 — Combat entre Pearson et Paul Jones — Etat malheureux de Québec et de la Surveillante — Vaisseaux anglais. Six pièces par Fittler, Lerpinière et C. Morisson, d'apr. Paton et Dodd. Belles épreuves.

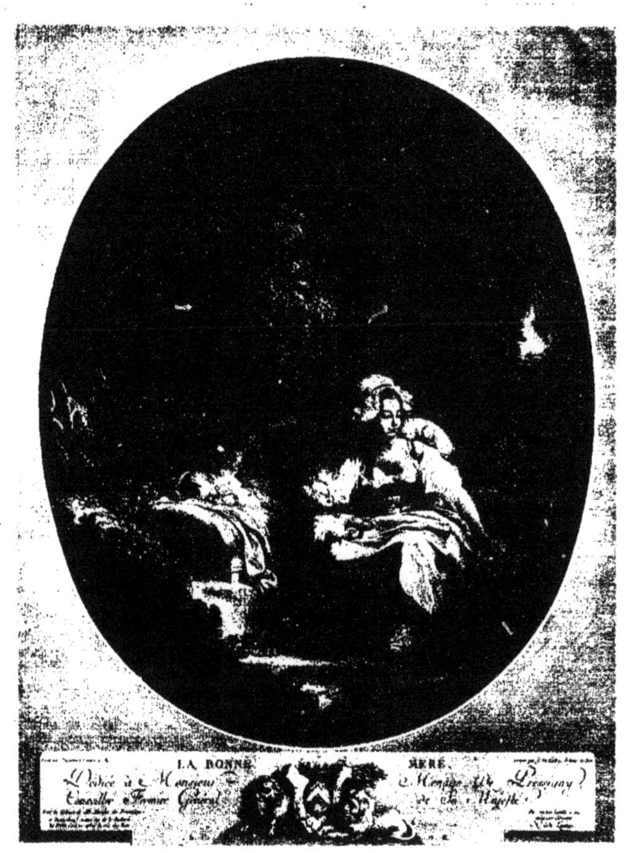

Nº 40 du Catalogue.

87. Journée du 10 Août 1792, par Helman, d'apr. Monnet — Le Curtius français ou la Mort du C[r] d'Assas, par J. B. Simonet, d'apr. Moreau le jeune. Deux pièces. Très belles épreuves.

PILLEMENT (d'après J.)

88. *La Gazette de Londre* (sic) — *Le Fruits* (sic) *de l'Hymen*. Deux pièces par Ravenet, se faisant pendants. Belles épreuves. (Mouillures à 1 pl.).

PORTRAITS

89. Portrait d'un Ingénieur? — Portrait de Magistrat. Deux pièces in-fol. et grand in-fol. (XVIIIe siècle), *avant toutes lettres*.

90. Charles IX, par Massard, d'apr. Clouet — Vandermersch (J. A.), par Cardon — Fred. Guillaume, par A. Tardieu — Ant. Petit, par P. Laurent — (Joseph II), par Chr. de Mechel — Estrades (L. G. Cte d'), par Picart. Six pièces. Belles épreuves.

91. Vernet (J.), par Cathelin, d'apr. L. M. Vanloo — Guillaume d'Orange et Cats, par Schmidt, d'apr. Flinck — Bart (Jean), par Bradel — Linguet (S. N. H.), par St Aubin — Mr West and Familly, par Pariset, d'apr. B. West. Cinq pièces. Belles épreuves.

92. Femmes : Du Barry (C[sse]), par Lebeau — Conty (P[sse] de), par Vangelisty, d'apr. Petitot — Villeneuve de Vence (Julie de) — Femme inconnue, par Dauvergne, d'après Gonzalès. Quatre pièces. Belles épreuves.

RANSONNETTE (Nic.)

93. Inauguration du buste de Marat au tombeau qui a été élevé... place de la Réunion à Paris. Superbe épreuve, à toutes marges.

RAPHAËL D'URBIN (d'après)

94. La Transfiguration, par S. Vallée — *Flores mei fructus*, par J. Boulanger — La Vierge au voile,

par F. Poilly — L'Adoration des Bergers, par C. Blomaert — St Georges, par L. Vorsterman. Cinq pièces. Belles épreuves.

REMBRANDT VAN RYN

95. L'Ange quitte la famille de Tobie (B. 43). Bonne épreuve.

96. La Mort de la Vierge (99). Bonne épreuve.

REMBRANDT VAN RYN (d'après)

97. Le Bourgmestre Six, copie — Les Ouvriers de la vigne, par E. Fessard — Loth avec ses filles, par Schmidt — Le Banquier hollandais, par Le Bas.

RIGAUD (d'après J. F.)

98. *The Dutchess of C.* Deux pièces par Schiavonetti et Testolini, se faisant pendants. Épreuves *imp. en bistre.*

ROMAIN (d'après M.)

99. *Adelaide first seen in the Gardens of Bagnieres*, par Gerard. Superbe épreuve, *imp. en couleurs.*

RUBENS (d'après P. P.)

100. La Pêche miraculeuse, par S. A. Bolswert. Estampe en 3 feuilles. Très belle épreuve.

101. Le Christ apparaissant à Ste Thérèse, par S. A. Bolswert — Laudate Dominum in Sanctis ejus, par Pontius. Deux pièces. Très belles épreuves.

SCHENAU (d'après)

102. L'Image de la Beauté, par Chevillet. Superbe épreuve, *avant la lettre.*

SCHMIDT (G. F.)

103. Marie Josephe, Reine de Pologne, d'après L. de Silvestre. Très belle épreuve *avant l'astérisque.*

SMITH (John Raphaël)

104. *His Royal Highness George Prince of Wales*, d'apr. Th. Gainsborough, 1783. Très belle épreuve (mouillures).

SMITH (d'après J. R.)

105. *A visit to the Grand Father*, par W. Ward, 1788. Magnifique épreuve *imp. en couleurs*, à grandes marges.

STOTHARD (d'après Th.)

106. *The Children in the Wood*. Deux pièces par L. C. Ruotte et Delanau, se faisant pendants. Superbes épreuves, *imp. en couleurs*, toutes marges.

107. *Lord Russell taking leave of Lady Russell... Charles the 2[d] after his defeat by Cromwell...* — Deux pièces par C. Knight, se faisant pendants. Très belles épreuves à toutes marges.

108. *The Death of Lord Robert-Manners*, par J. K. Sherwin, 1780. Très belle épreuve, à toutes marges.

109. *Elfrida's vow*, par Marcuard, 1783. Très belle épreuve.

110. Enlèvement de la belle Emeline, par F. Gauthier. Superbe épr. *imp. en couleurs*, toutes marges.

STRANGE (Robert)

111. La Madone, du Corrège — *Abraham ancillam Agar dimittit*, d'apr. Le Guerchin. Deux pièces, la 1re très belle.

112. Comitas, d'apr. Raphaël — Esther et Assuérus, d'apr. le Guerchin — Joseph et Putiphar, d'apr. le Guide. Trois pièces. Belles épreuves.

SUYDERHŒF (Jonas)

113. Les Bourgmestres d'Amsterdam attendant l'arrivée de Marie de Médicis, d'apr. T. de Keyser (W. 102). Bonne épreuve.

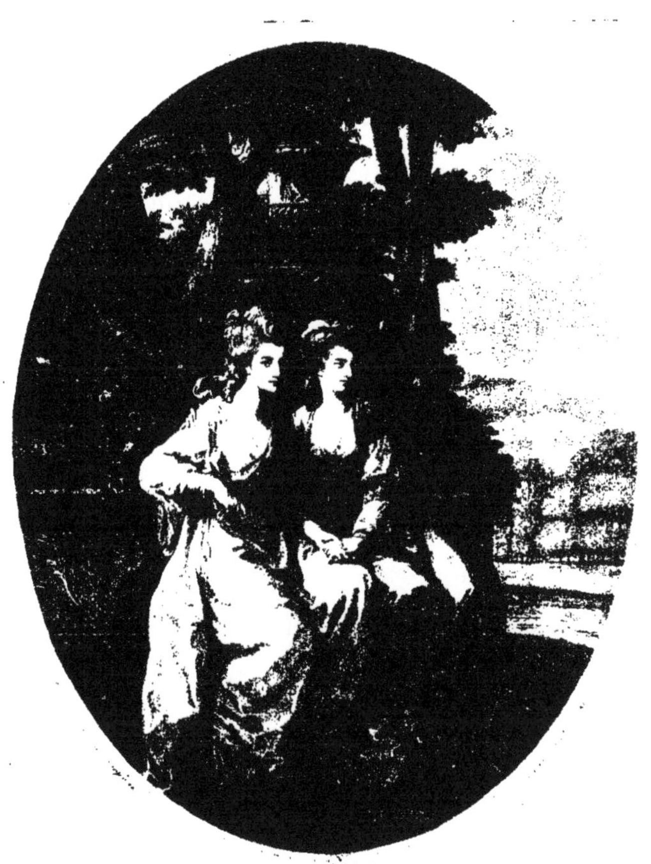

N° 58 du Catalogue.

TARDIEU (P. F.) — LE MIRE (N.)

114. Chars de la Ville, de l'Hymen, de Cérès et de Mars. Quatre grandes planches (deux manquant de conservation).

TENIERS (d'après D.)

115. Le Repas flamand, par Daullé — Le Chirurgien flamand, par le même — The Card Players, par D. Baron. Trois pièces. Belles épreuves.

116. Divertissements de paysans hollandais, par Surugue — Achille reconnu par Ulysse — 3e Fête Flamande, par Le Bas — Trois pièces.

117. Amusements du Brabant — VIe Fête de village — VIIIe Fête flamande — IXe Fête flamande — Environs d'Anvers — Le Lendemain de noces. Six pièces.

TILLIARD — CHOFFARD — VARIN

118. Immersion d'une caisse conique dans le port de Cherbourg, 1785, 2 pl. — Vue de la Bourse de Dunkerque, 1761 — Portail de l'Eglise paroissiale de St Eloy à Dunkerque. Quatre pièces. Belles épreuves.

TOSELLI (F.)

119. Confédération des Départements, à Lille, le 6 juin 1790. Très belle épreuve. Rare.

VANLOO (d'après Carle)

120. *Hippolyte de la Tude Clairon, Vme Acte de Médée*, par L. Cars et J. Beauvarlet. Grand in fol. Belle épreuve.

121. La Sultane — La Confidence. Deux pièces par Beauvarlet, se faisant pendants. Très belles épreuves.

VERNET (d'après J.)

122. *A Calm* — *A Storm.* Deux pièces par Lerpinière, 1781, se faisant pendants. Très belles épreuves, à toutes marges.

123. Fête sur le Tibre à Rome, par Duret — Les Différents travaux d'un Port de mer, par Daullé. Deux pièces. Belles épreuves.

124. Les Jetteurs de filets, par Coulet — Baigneuses, par Baléchou — La Pêche, par de Longueil et Nicolet — Isles de l'Archipel, par Le Charpentier. Quatre pièces. Belles épreuves.

125. Le Retour de la Course — Chasseur à l'affût — La Bergère — Tout acier — Cerf dix-cors à sa reposée — Le Cerf sur ses fins — Etalons de Chevaux de Chasse. Sept pièces par Levachez et Gamble.

126. Ports de Bayonne, Marseille, Cette, Toulon, Bordeaux, Antibes, Golfe de Bandol. Huit pièces gr. in-fol. par C. N. Cochin fils et J. Ph. Le Bas, plusieurs manquant de conservation.

VOLCIANI

127. Vue Perspective de la Salle de Spectacle de Bordeaux. Très belle épreuve. Rare.

WATSON (Caroline) — SMITH — CALDWALL

128. Garrick, allégorie, d'apr R. E. Pine — *Immortality of Garrick*, d'apr. G. Carter. Deux pièces, 1783. Belles épreuves, la 1re *imp. en sanguine.*

WATTEAU (d'après Ant.)

129. Les Champs-Élysées. Ovale petit in fol. Belle épreuve, *avant toute lettre, coloriée.*
130. Têtes de fantaisie, 12 pl. par Filleul.

WHEATLEY (d'après F.)

131. *The Benevolent cottager*, par W. Nutter, 1788. Superbe épreuve, *imp. en bistre*.

WHITE (C.)

132. Children at Play. Très belle épreuve, *imp. en deux tons* et *coloriée*.

WILLE (J. G.)

133. Cuisinière Hollandaise — Gazetière Hollandaise. Deux pièces par Metzu et Terburg, se faisant pendants. Très belles épreuves.

134. Agar présentée à Abraham par Sara, d'apr. Dietricy — La Ménagère hollandaise, d'apr. G. Dow — Petite Ecolière, d'apr. Schenau — Sœur de la bonne Femme de Normandie, d'apr. Wille fils. — Tante de G. Dow. Cinq pièces. Très belles épreuves.

WOOLLETT (W.)

135. *Diana and Acteon*, d'apr. P. Lauri — Paysage, d'apr. An. Carrache — *The Death of General Wolfe*, d'apr. B. West. Trois pièces. Belles épreuves.

WOUWERMANS (d'après Ph.)

136. Le Retour de la pêche, par Patas, épr. *avant la lettre* — Voyageur allemand, par C. Baquoy — Les Vivandiers, par Tixier — Chasse au cerf. Quatre pièces. Belles épreuves.

137. Sous ce n°, il sera vendu par petits lots, cent-cinq estampes anciennes.

IMPRIMERIE

FRAZIER-SOYE

153-157, rue Montmartre

PARIS

www.ingramcontent.com/pod-product-compliance
Ingram Content Group UK Ltd.
Pitfield, Milton Keynes, MK11 3LW, UK
UKHW022153260726
13993UKWH00005B/2331